WORK BOOK 2

Este workbook acompaña el libro

¡DEJA HUELLA!
IMPULSA TU CARRERA A TRAVÉS DE TU LIBRO

BRANDING FOR WRITERS

www.brandingforwriters.com

BRANDING
FOR WRITERS

SEGUNDA EDICIÓN

ISBN: 979-88-84-08383-7

Branding for Writers
Pallars 94, 4.2., 08018, Barcelona, España
www.brandingforwriters.com
info@brandingforwriters.com

Colaboran:
Organización y seguimiento de contenidos: Vanessa Garduño, Konstantina Gavala
Redacción: Vanessa Garduño, Konstantina Gavala
Corrección de estilo y ortotipográfica: Konstantina Gavala
Dirección de Arte, composición y diagramación: Konstantina Gavala
Diseño de cubierta, ilustraciones y creación de *collages*: Konstantina Gavala

ÍNDICE

07. INTRODUCCIÓN

DE QUÉ TE SERVIRÁ ESTE *WORKBOOK*, Y QUIENES SOMOS.

CÁLCULO DE COSTES 11.

CALCULA LOS COSTES DE EDICIÓN, PRODUCCIÓN, GESTIÓN DE PRODUCCIÓN Y PROMOCIÓN DE TU LIBRO.

13. EL ADN DE TU MARCA

DEFINE EL PROPÓSITO DE LA MARCA, SUS VALORES, MISIÓN, VISIÓN Y PERSONALIDAD. IDENTIFICA LOS BENEFICIOS DE LA MARCA.

EL ADN DE TU LIBRO 19.

IDENTIFICA EL PROPÓSITO Y EL VALOR DIFERENCIAL DE TU LIBRO. USA LA INFORMACIÓN PARA DEFINIR UN TÍTULO Y EMPIEZA A CREAR UN ÍNDICE QUE GUIARÁ LA ESCRITURA.

25. IDENTIFICA A TU AUDIENCIA

DEFINE LOS FACTORES DEMOGRÁFICOS, PREFERENCIAS & INTERESES, HÁBITOS SOCIALES Y FACTORES PSICOLÓGICOS DE TU AUDIENCIA.

ANÁLISIS DE MERCADO 31.

ANÁLISIS DE PERFIL PROFESIONAL, *PESTEL*, *BENCHMARK*, *DAFO*, DEFINICIÓN DEL *BUYER* PERSONA, *VALUE PROPOSITION CANVAS*, DEFINICIÓN DE OBJETIVO *SMART*.

57. CREA TU PLAN 360°

ESTRATEGIA DE *MARKETING*, ESTILO DE LA MARCA (*BRAND VOICE*), PLAN DE REDES SOCIALES Y MEDIOS DIGITALES, PRESUPUESTO DE *MARKETING*.

CONTROL 76.

CREA TU KPI PLAN Y DESCUBRE COMO HACER CONTROLES PARA ESTABLECER LO QUE FUNCIONA Y LO QUE SE TIENE QUE CAMBIAR EN TU ESTRATEGIA.

82. NOTAS

USA ESTE APARTADO PARA JUNTAR TUS APUNTES.

WORK
BOOK 2

BRANDING FOR WRITERS

INTRODUCCIÓN

En el dinámico escenario actual, donde la información fluye sin cesar y la competencia en el mercado es más intensa que nunca en casi todos los sectores, la necesidad de diferenciarse y establecer una presencia única es más crucial que nunca. Crea tu Plan 360º: Marca Personal y Libro se revela como una herramienta vital para autores y profesionales determinados a impactar y dejar una huella duradera. Diseñado para todos los autores, ya sea que opten por la autopublicación o trabajen con grandes editoriales, este workbook es un recurso imprescindible para asegurar que tu mensaje tenga un eco perdurable.

Resultado de la colaboración entre Vanessa Garduño y Konstantina Gavala, dos expertas reconocidas en el ámbito del *branding* personal y la estrategia de contenido, fundadoras de *Branding for Writers* (brandingforwriters.com) que a través de su empresa han ayudado a escritores y profesionales a definir, construir y promocionar su marca personal, **utilizando el libro como una herramienta poderosa para impulsar sus carreras**, este innovador *workbook* ha sido cuidadosamente desarrollado con un propósito claro: proporcionar a autores, emprendedores y profesionales las herramientas necesarias para construir y consolidar su marca personal a través de la publicación de un libro. La publicación de un libro no solo amplifica tu voz y tu mensaje, sino que también establece tu autoridad y expertise, diferenciándote en un mercado saturado.

Crea tu Plan 360º se inspira en la filosofía y las estrategias probadas que Garduño y Gavala han compartido en su obra previa, *Deja Huella: Impulsa tu carrera a través de tu libro*. Mientras que *Deja Huella* es una guía completa que se centra en cómo un libro puede servir como el catalizador para el crecimiento profesional y personal, dando soluciones prácticas para todas las fases de la creación, publicación y promoción de un libro, *Crea tu Plan 360º* es el *workbook* que profundiza en la creación y ejecución de un plan de *marketing* integral que abarca todos los aspectos necesarios para construir y promocionar efectivamente tu marca personal y tu obra.

Desde la identificación de tu audiencia ideal hasta la definición del ADN de tu marca, pasando por análisis de mercado detallados y la creación de un plan de *marketing* cohesivo, este *workbook* está diseñado para guiarte a través de cada paso del proceso con claridad y eficacia. Con ejercicios prácticos y plantillas listas para usar, este libro es un recurso valioso que te permitirá no solo conceptualizar sino **implementar tu visión de marca personal**.

Además, *Crea tu Plan 360°* aborda la importancia de adaptar tu mensaje a diversos canales de comunicación, reconociendo que cada plataforma ofrece oportunidades únicas para interactuar con tu público. Ya sea a través de medios digitales o impresos, este libro te enseñará a seleccionar las estrategias y los canales más efectivos para tu mensaje, garantizando que tu voz se escuche alto y claro.

Vanessa Garduño y Konstantina Gavala comparten no solo su experiencia y conocimientos sino también su pasión por el *branding* y el empoderamiento de autores y profesionales. Su enfoque único, que **combina la teoría con la aplicación práctica**, hace de *Crea tu Plan 360°* un recurso obligatorio para cualquier persona seria acerca de construir una marca personal auténtica y duradera alrededor de su libro.

Al adentrarte en este manual, descubrirás una hoja de ruta detallada y exhaustiva que te guiará paso a paso a través de las complejidades de la creación de una marca personal auténtica y la publicación de un libro que no solo venda, sino que inspire y marque una diferencia. Este viaje no solo te permitirá posicionar tu libro y tu marca personal como referentes en tu campo, sino que también te equipará con el conocimiento y las habilidades para navegar por el dinámico entorno digital y editorial de hoy. Aprenderás a articular tu mensaje único de manera que resuene auténticamente, a construir conexiones significativas con tu audiencia y a establecer una presencia en línea que refleje tu verdadera esencia y propósito.

Este es el momento de transformar tu visión en acción, de dejar una marca indeleble en tu industria y de avanzar hacia un futuro donde tú eres el creador de tu propio legado. **¡Bienvenido al comienzo de algo verdaderamente extraordinario!**

*Es fundamental que rellenes esta hoja **una vez hayas finalizado el cuestionario**, para mantener siempre a la vista los puntos más relevantes.*

Mi propósito profesional

El propósito de mi libro

Temática, título y subtítulo

Portada: ¿qué transmite?

Valor diferencial de mi libro

Objetivo de posicionamiento

Acciones clave para cumplir mi objetivo + propósito

BRANDING FOR WRITERS

CÁLCULO DE COSTES

Antes de empezar este viaje por el mundo editorial, tienes que **evaluar los costes** necesarios para realizar y comercializar tu libro con el fin de conocer su **viabilidad** (ganancias previstas y coste).

Es un procedimiento previo a la contratación de los profesionales cuya ayuda necesitarás para producirlo y para mercantilizarlo con éxito (*marketing*, promoción y distribución).

El **coste de un libro** se calcula sumando los costes de su edición, los de su producción y los de su promoción.

01
LIBRO:
FECHA:

CÁLCULO DE COSTES

1. COSTES DE EDICIÓN

- Prólogo
- Traducción
- Árbitros
- Ilustrador o infógrafo
- Fotografía
- Servicios de diseño
- Correcciones de estilo y ortotipográfica

1

2. COSTES DE PRODUCCIÓN Y GESTIÓN

- Imprenta (y transporte)
- Publicación en plataformas *online*

2

3. COSTES DE PROMOCIÓN

- Distribución
- Marketing y publicidad
- Ejemplares destinados para publicidad
- Descuentos y promociones a la hora de la venta
- Diseño e impresión de material publicitario
- Diseño de contenidos (web y redes sociales)
- Creación y gestión de web y redes sociales
- Gestión de mailing electrónico y postal

3

$$\boxed{}_1 + \boxed{}_2 + \boxed{}_3 = \boxed{}$$

EL ADN
DE TU
MARCA

Escribir un libro es un legado de vida que perdurará en el tiempo. Antes de sumergirnos en la planificación y desarrollo de tu obra, deseamos enfocarnos en un aspecto fundamental: **tu propósito de vida**.

Creemos firmemente que para crear un libro significativo y auténtico, es esencial recordar y abrazar nuestras pasiones más profundas. Estas pasiones no solo definen quiénes somos, sino que también se entrelazan con la razón de ser de la obra que estás a punto de publicar.

02 LIBRO:
FECHA:

EL ADN DE LA MARCA

*Este diagrama está estrechamente vinculado y resulta
fundamental para definir el propósito del libro en la página 20.*

A. PROPÓSITO

Define tu **PROPÓSITO DE VIDA***
(identifica tus pasiones):

¿En qué temas se dispara tu
creatividad fácilmente?

¿Sobre qué asuntos te
apasiona hablar?

¿Acerca de qué asuntos te
apasiona leer e investigar?

¿De qué logros te sientes
orgulloso(a)? ¿Por qué?

B. TUS VALORES

Apunta los 3 **valores** fundamentales que guían a tu marca:

02 | LIBRO:
FECHA:

C. MISIÓN

Identifica tu **MISIÓN DE VIDA**

¿Qué problemas te preocupan y te gustaría resolver?

¿Cómo podrías ayudar a resolver estos problemas a través de tu marca?

Si hoy fueras la versión más valiente de ti ¿qué harías?, y ¿cómo lo harías?

Si pudieras cambiar el mundo ¿qué harías?
¿Cómo lo harías?

D. VISIÓN

Identifica tu **VISIÓN DE TU MARCA**

¿Cómo sería tu "marca personal ideal"?

¿Qué habilidades y características tendría?

¿Qué necesitas para convertirte en ella?

¿Cómo te ves en 10 años?

Tu visión de vida es como el faro que guía tus acciones, metas y decisiones. Esta sección nos ayudará a definir el rumbo hacia donde debemos dirigir nuestro plan de ANÁLISIS DE MERCADO.

02 LIBRO:
FECHA:

E. PERSONALIDAD DE LA MARCA

Señala con qué arquetipo se identifica tu marca.

 El Inocente. Son marcas optimistas, soñadoras, humildes y felices que les gustan las cosas bien hechas: *Disney, Dove*

 El Hombre Corriente. Son marcas auténticas, modestas de gran sentido común, saben conectar con las personas a través de la empatía: *eBay, IKEA, Target*

 **El Explorador.** Marcas independientes, individualistas, auténticas, fieles a sí mismas y ambiciosas. Experimentancosas nuevas para tener una vida más plena: *Red Bull, Jeep, The North Face*

 El Sabio. Marcas que apuestan por el conocimiento, en las que la inteligencia y el análisis son sus pilares de posicionamiento. Utilizan la inteligencia y el análisis para entender el mundo: *Google, BBC*

 El Heroe. Marcas valientes, competentes, decididas en sus propuestas. Son marcas que están en constante búsqueda de hacer del mundo un mejor lugar: *Adidas, Nike, Fedex*

 El Forajido. Marcas rebeldes, disruptivas que cuestionan el mundo y muestran una actitud de cambio y desafío hacia el status-quo: *Harley-Davidson, Desigual*

 El Mago. Marcas visionarias, imaginativas, carismáticas, tranquilizadoras, seguras y rompedoras. Su mayor objetivo es hacer que las cosas sucedan: *Coca Cola, Disney*

 El amante. Marcas pasionales y seductoras que buscan crear intimidad y experiencia, tienen como objetivo complacer a su público estableciendo relaciones emocionales fuertes: *Martini, Victoria's Secret*

 El Bufón. Marcas frescas, divertidas, cómicas, que viven cada instante al máximo, igual que las personas que los rodean y disfrutan haciéndolo: *OREO, Fanta*

 El Cuidador. Marcas seguras de sí mismas, que transmiten confianza y bienestar a sus públicos. Su objetivo principal es proteger y cuidar a los demás: *Danone, Unicef, WWF*

 El Creador. Marcas visionarias que buscan innovar, crear cosas novedosas que no hayan existido antes, son especialmente perfeccionistas: *Apple, Lego*

 El Gobernante. Marcas dominantes exclusivas que buscan el liderazgo en sus mercados, y muestran un carácter de superioridad respecto a su competencia: *Mercedes, Rolex*

Palabras clave que describen de manera concisa el carácter de marca

Ejemplo: valiente, creativa, innovadora

F. BENEFICIOS

Define los beneficios de tu Marca.

Beneficios funcionales

Ejemplo: rápida, cómoda, sistemática

Beneficios emocionales

Ejemplo: felicidad, enojo, motivación

WORK
BOOK 2

BRANDING FOR WRITERS

EL ADN
DE TU
LIBRO

El ADN de un libro encapsula su esencia única: **el porqué de su creación**, el poder resonante de su título y la guía estratégica de su índice. Escribir un libro es un acto de comunicar ideas, compartir conocimientos o contar historias que importan, sirviendo como un puente entre el autor y el lector.

El **título**, por su parte, es la primera impresión y el llamado a la acción; debe capturar la esencia del libro y despertar el interés del potencial lector.

El **índice** no es menos crucial; funciona como el esqueleto que organiza y estructura el contenido, permitiendo a los lectores navegar por las aguas de la narrativa o los argumentos presentados.

03

LIBRO:
FECHA:

EL ADN DE TU LIBRO

A. PROPÓSITO

Define el **PROPÓSITO DE TU LIBRO**

¿Cuál es
la razón de ser
de este libro?

¿Qué motivó su
escritura?

¿Qué quieres
que este libro
haga por ti?

¿Qué impacto
te gustaría que
el libro tuviera
en el lector?

¿Cómo te gustaría
que este libro te
ayude a crecer?

¿Qué tipo de
impacto te gustaría
que el libro tenga
en tu marca?

03 LIBRO:
FECHA:

B. VALOR

Define el **VALOR DIFERENCIAL** de tu libro

¿Qué ofrecerá tu libro que otros libros similares no ofrecen?

¿Cuál es la perspectiva única desde la cual abordas el tema? ¿Tienes un enfoque o punto de vista único que otros libros no ofrecen?

¿Cuál es el tema central de tu libro? Define de manera concisa el tema principal que aborda tu libro.

¿Destaca las características, información, o enfoques innovadores que hacen que tu libro se destaque.

03 LIBRO:
FECHA:

C. EL TÍTULO DE TU LIBRO

Sigue las instrucciones para definir el **TÍTULO** y subtítulo de tu libro.

Crea una lista de **palabras clave** que describen la temática de tu LIBRO.

Haz una lista de todos los **títulos** que se te ocurran y ve intercambiando palabras, agregando adjetivos o verbos.

Crea 3 **propuestas** de título y subtítulo.

EL ADN DE TU LIBRO

Aquí te proponemos una **estructura general** (modelo base) para un índice que puedas personalizar según tus necesidades. Dependiendo del tema de tu libro, podrías necesitar añadir más capítulos, secciones especiales, o adaptar los títulos de los capítulos para que se ajusten mejor al contenido específico que planeas incluir.

Índice

I. Introducción
A. Propósito del libro
B. Metodología
C. Estructura del libro

II. Capítulo 1: Fundamentos
A. Definiciones clave
B. Historia y evolución
C. Importancia en el contexto actual

III. Capítulo 2: Teorías y Modelos
A. Teoría X
B. Modelo Y
C. Comparación y contraste

IV. Capítulo 3: Estudios de Caso
A. Caso de Estudio 1
B. Caso de Estudio 2
C. Análisis y lecciones aprendidas

V. Capítulo 4: Aplicaciones Prácticas
A. Estrategias y herramientas
B. Implementación y gestión
C. Retos y soluciones

VI. Capítulo 5: Tendencias Futuras
A. Innovaciones emergentes
B. Predicciones y expectativas
C. Preparación para el cambio

VII. Conclusión
A. Resumen de hallazgos clave
B. Implicaciones y recomendaciones
C. Reflexiones finales

VIII. Apéndices
A. Recursos adicionales
B. Glosario de términos
C. Créditos y agradecimientos

IX. Bibliografía

03 LIBRO:
FECHA:

D. EL ÍNDICE DE TU LIBRO

Define el **ÍNDICE** de tu libro

¿Cuáles son los **temas clave** que quiero abordar en mi libro?

Pensando en el flujo lógico de los temas define una **propuesta** de índice.

¿Cuáles son las **preguntas más comunes** que mis lectores podrían tener sobre el tema?

¿Qué **tipo de información** o ejemplos debo incluir para respaldar cada tema?

BRANDING FOR WRITERS

Conocer a tu **audiencia** es el pilar fundamental sobre el cual construir cualquier estrategia exitosa. Entender quiénes son tus lectores, qué necesidades tienen, qué los motiva o preocupa, te permite crear productos o servicios que resuenen profundamente con ellos. Al sintonizar con sus deseos y problemas, puedes comunicarte de manera más efectiva, estableciendo una conexión auténtica y duradera.

IDENTIFICA
A TU
AUDIENCIA

04
LIBRO:
FECHA:

A. FACTORES DEMOGRÁFICOS

¿QUÉ EDAD TIENE?

Saber su edad y qué situaciones de vida y problemas específicos enfrente te servirá para poder establecer el tipo de lenguaje que utilizarás, definir las estrategias de *marketing* que debes priorizar y saber a través de qué canales vas a comunicarte con él o ella.

GÉNERO

Puede que pienses que tus lectores serán hombres y mujeres. Aquí nos interesa establecer quiénes serán la mayoría de tu público objetivo.

¿DÓNDE VIVE?

Además de saber la ciudad donde se localiza tu lector, necesitas saber cuál es el entorno físico que tiene a su alrededor esta persona, qué oportunidades tiene de acudir a espacios culturales, sociales.

¿CUÁL ES SU NIVEL DE ESTUDIOS?

Es importante saber si tu lector ideal es alguien que está todavía estudiando, si terminó el colegio, si estudió en la Universidad, si se especializó en algún Master etc.. Todo esto es importante para para poder establecer el tipo de lenguaje que utilizarás tanto en tu libro, como en tu comunicación con él.

IDENTIFICA A TU LECTOR IDEAL

ESTUDIOS Y ESPECIALIZACIÓN

PRIMARIA & PREESCOLAR ☐
SEGUNDARIA ☐
ESCUELA TECNICA ☐
UNIVERSIDAD ☐
POSTGRADO ☐
MASTER ☐
DOCTORADO ☐

Estudios principales y secundarios. ¿A qué tipo de clases o seminarios asiste? ¿Le interesan los idiomas, la política, la historia, etc.?

¿CUÁL ES SU ACTIVIDAD PRINCIPAL?

El tipo de actividad que ocupa la mayor parte de su día. Puede, por ejemplo, que trabaje en una empresa o que dedique su tiempo a estudiar. Saber la profesión de esta persona te va a ayudar a identificar sus necesidades y definir tu estrategia de promoción.

¿CUÁL ES SU ESTADO CIVIL? ¿TIENE FAMILIA?

Este dato es clave para entender cómo es la dinámica cotidiana en su vida y si se trata de alguien que vive una vida convencional o si define la palabra "familia" de otra forma. También te dará información sobre la cantidad de su tiempo libre y cómo este se organiza, sus obligaciones, sus horarios, sus necesidades, sus gastos, etc.

04

LIBRO:
FECHA:

IDENTIFICA A TU LECTOR IDEAL

B. PREFERENCIAS & INTERESES

¿CUÁLES SON SUS INTERESES?

Tienes que saber qué hace el fin de semana o algunas tardes durante la semana. Qué elige hacer cuando tiene un rato libre: hacer deporte, visitar a amigos, escribir, leer, bailar, trabajar como voluntario en algún lugar, si es profesor de alguna disciplina, si tiene un negocio independiente al que le dedica su tiempo libre, etc.

¿DÓNDE SUELE COMPRAR SUS LIBROS?

Esto te ayudará a identificar cuál será el formato de tu libro. Si por ejemplo tu lector ideal suele leer usando su teléfono o *tablet*, tendrás que publicar tu libro en formato digital.

¿QUÉ PROGRAMAS DE RADIO O TELEVISIÓN ES PROBABLE QUE SIGA?

Esto te dará una idea de cómo piensa tu lector ideal y te servirá en el futuro para saber en qué medio exactamente tendrás que enfocar tu estrategia de promoción para garantizar que allí te encontrará.

¿QUÉ BLOGS, WEBS, PERIÓDICOS Y REVISTAS ES PROBABLE QUE LEA?

Igual que en la pregunta anterior, saber esto te servirá en el futuro para saber en qué medios te encontrarán tus lectores perfectos, para poder así planificar una estrategia promocional de éxito.

04 LIBRO:
FECHA:

C. HÁBITOS SOCIALES

Esto te dará información necesaria para saber en qué redes sociales tienes que estar activo durante el periodo de promoción de tu libro, y también qué tipo de material promocional necesitas crear.

¿QUÉ REDES SOCIALES UTILIZA? ¿CON QUE FRECUENCIA?

Aquí algunos ejemplos de plataformas de redes sociales. Rodea los que sean relevantes o añade los tuyos.

- Baidu Tieba
- Behance
- Discord
- Dribbble
- Facebook
- Flickr

- Foursquare
- Goodreads
- Houzz
- Instagram
- LinkedIn
- Line

- Medium
- Pinterest
- Quora
- Reddit
- Sina Weibo
- Snapchat

- Telegram
- TikTok
- Tumblr
- Twitch
- Twitter (X)
- YouTube

¿QUÉ CANALES UTILIZA PARA COMPARTIR INFORMACIÓN?

- Baidu Tieba
- Behance
- Discord
- Dribbble
- Facebook
- Flickr
- Foursquare
- Goodreads

- Houzz
- Instagram
- LinkedIn
- Line
- Medium
- Pinterest
- Quora
- Reddit

- Sina Weibo
- Snapchat
- Telegram
- TikTok
- Tumblr
- Twitch
- Twitter (X)
- YouTube

- Slack
- Microsoft Teams
- Zoom
- Google Drive
- Dropbox
- iCloud
- Box

- Email
- WhatsApp
- Telegram
- Signal
- Viber
- Line
- WeChat
- QQ

¿QUÉ TIPO DE PERSONAS LES INFLUYEN?¿A QUIÉN SIGUEN EN REDES SOCIALES?¿CON QUIÉN INTERACTÚAN?

04

LIBRO:
FECHA:

IDENTIFICA A TU LECTOR IDEAL

D. FACTORES PSICOLÓGICOS

¿CUÁLES SON SUS VALORES Y FORTALEZAS MÁS IMPORTANTES?

¿Qué valores o características positivas defiende y lo representan?, ¿Qué habilidades tiene?, ¿Cuáles son sus fortalezas más grandes?

¿QUÉ DESEOS Y AMBICIONES TIENE?

¿Qué es lo que esta persona a la que quieras llegar desea profundamente? Al saber qué es lo que más quiere lograr, lo que le motiva y entusiasma, podrás aportarle valor con tus contenidos y venderle exactamente el producto que necesita.

¿CUÁLES SON LOS PRINCIPALES OBSTÁCULOS QUE ENFRENTA PARA LLEGAR A LO QUE DESEA?

Aquí tienes que pensar en lo que está entre tu lector ideal y su mayor deseo. ¿Qué problemas, necesidades, obstáculos le impiden llegar a su deseo más grande? ¿Cómo lo podría alcanzar? ¿Cómo podrías ayudar a derribar los obstáculos?

¿CUÁLES SON SUS MAYORES INQUIETUDES?

Vamos ahora a averiguar cuáles son las mayores preocupaciones que tiene tu lector ideal en su vida cotidiana, qué cosas se cruzan por su cabeza y le generan incertidumbre, preocupación y miedo. Puede que le preocupe la política, las finanzas, el cambio climático o la alimentación sana por ejemplo.

WORK
BOOK 2

BRANDING FOR WRITERS

ANÁLISIS
DE MERCADO

05
LIBRO:
FECHA:

A. ANÁLISIS DE PERFIL PROFESIONAL

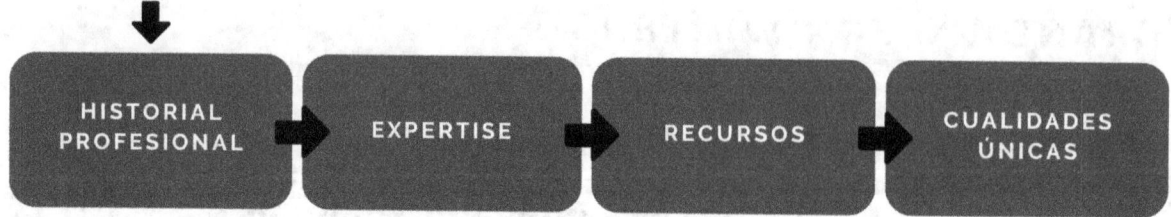

A1. HISTORIAL PROFESIONAL

En esta etapa se analizará la parte profesional y todas las herramientas con las que cuentas actualmente, para conocer todo lo que engloba tu marca personal y su valor diferencial.

¿CUÁL ES TU HISTORIAL PROFESIONAL?

¿QUÉ EXPERIENCIAS HAN MARCADO TU DIRECCIÓN ACTUAL?

EXPERIENCIA EN LA TEMÁTICA DE TU LIBRO, LECCIONES APRENDIDAS

A2. EXPERTISE

¿CUÁL ES TU ESPECIALIDAD? ¿CÓMO LO HACES?

05

LIBRO:
FECHA:

¿CÓMO DEFINES ESTE VALOR DIFERENCIAL EN TU LIBRO?

A3. RECURSOS

¿CON QUÉ RECURSOS DE MARCA CUENTAS?

Haz un listado de todos los **recursos de marca** que tienes actualmente (web, blog, redes, etc) y analiza el posicionamiento de cada uno.

Posicionamiento = el proceso de evaluar cómo una marca se sitúa en el mercado **en comparación con sus competidores**. Este proceso incluye la evaluación de la coherencia y la eficacia de la comunicación visual y verbal de la marca, el análisis de cómo estos elementos se alinean con las expectativas y necesidades del público objetivo, y la identificación de áreas de mejora para fortalecer la posición de la marca.

05 LIBRO:
FECHA:

A4. CUALIDADES ÚNICAS

¿EN QUÉ TE DIFERENCIAS DE TU COMPETENCIA?

¿QUÉ PROBLEMAS LE SOLUCIONAS A TU PÚBLICO?

¿EN QUÉ SE DIFERENCIA TU LIBRO DE LOS DEMÁS LIBROS?

05 LIBRO:
FECHA:

B. ANÁLISIS PESTEL

Factores externos que pueden afectarnos de manera negativa a corto, mediano y largo plazo (AMENAZAS).

FACTORES EXTERNOS	AMENAZAS (ELEMENTOS NEGATIVOS)		
	CORTO PLAZO	MEDIO PLAZO	LARGO PLAZO
Políticos: ¿Cómo pueden el gobierno y los factores políticos afectar nuestra marca?			
Económicos: Tendencias económicas actuales y futuras que podrían impactar nuestra Marca y estrategia			
Sociales: ¿Cómo se ve afectada la población? ¿Qué elementos sociales podrían afectar a nuestra Marca?			
Tecnológicos: ¿Qué innovaciones tecnológicas podrían afectar nuestro mercado?			
Ecológicos: ¿Qué aspectos ecológicos influyen en el entorno de nuestra marca?			
Legales: ¿Qué cambios de legislación podrían afectar a nuestra marca?			

ANÁLISIS DE MERCADO

Factores externos que nos benefician a corto, mediano y largo plazo (OPORTUNIDADES).

FACTORES EXTERNOS	OPORTUNIDADES (ELEMENTOS POSITIVOS)		
	CORTO PLAZO	MEDIO PLAZO	LARGO PLAZO
Políticos: ¿Cómo pueden el gobierno y los factores políticos afectar nuestra marca?			
Económicos: Tendencias económicas actuales y futuras que podrían impactar nuestra Marca y estrategia			
Sociales: ¿Cómo se ve afectada la población? ¿Qué elementos sociales podrían afectar a nuestra Marca?			
Tecnológicos: ¿Qué innovaciones tecnológicas podrían afectar nuestro mercado?			
Ecológicos: ¿Qué aspectos ecológicos influyen en el entorno de nuestra marca?			
Legales: ¿Qué cambios de legislación podrían afectar a nuestra marca?			

05

LIBRO:
FECHA:

C. ANÁLISIS BENCHMARK

C1. OBJETIVOS DE CARRERA PROFESIONAL

¿QUÉ OBJETIVOS PROFESIONALES DESEAS?

Ejemplo: Posicionarme como experto en ventas.

¿CÓMO TE GUSTARÍA POSICIONARTE EN EL MERCADO?

¿DÓNDE ESTARÁS A MEDIANO Y A LARGO PLAZO?

05 LIBRO:
FECHA:

C2. OBJETIVO DE LA INVESTIGACIÓN

¿Qué resultados debe desplegar la investigación para que puedas llegar a tus metas?

Ejemplos:
1. Conocer las mejores estrategias y plataformas para posicionarme como experto en ventas.
2. ¿En qué plataformas deben estar mis libros?
3. ¿Cuáles son las acciones de marketing más eficaces actualmente?

05 LIBRO:
FECHA:

C3. PRECISA A QUIÉN VAS A ANALIZAR

¿QUIÉNES SON LOS REFERENTES EN MI TEMÁTICA?

¿QUÉ PROFESIONALES & AUTORES DE LIBROS ESTÁN LLEVANDO A CABO LAS MEJORES PRÁCTICAS?

Posterior a hacer este análisis definiríamos **¿a quién voy a medir?** Aquí agregaríamos la lista de los libros y autores que vamos a analizar.

*Ejemplo: Lista de **los 3 libros más vendidos** de mi temática o temas relacionados con ella y por separado **lista de los escritores de estos libros**. Aquí, inclusive, podríamos agregar a escritores más posicionados en el sector que se dirijan al mismo tipo de público al que tú te diriges, lo importante es que sean punto de referencia de las mejores prácticas del sector y nuestro modelo a seguir. En esta etapa es importante que también agreguemos nuestro nombre y libro a las listas.*

Mi libro

Yo

Libro de la competencia 1

Autor competencia 1

Libro de la competencia 2

Autor competencia 2

05

LIBRO:
FECHA:

C4. ÁREAS Y FACTORES QUE SE VAN A COMPARAR

Aquí definiremos **¿qué voy a medir?**, y ¿qué factores requiero medir para llegar al resultado que estoy buscando? Esta es una etapa crucial, nuestros resultados dependerán de que hagamos una buena elección de los elementos a analizar.

En nuestro ejemplo donde nuestro fin es el **posicionamiento de nuestro libro y marca personal**, nuestros objetivos serían los siguientes:

1. Analizar los **libros** más vendidos de la competencia
2. Analizar los **autores** más reconocidos de nuestra temática

En primer lugar, los libros, las áreas que debemos comparar son:

canales de venta: donde se puede comprar
posicionamiento: reseñas, categorías y palabras clave
comunicación: en qué medios se encuentra (online & offline) y se comunica
alcance geográfico: area de venta
fortalezas: sus puntos fuertes
debilidades: sus puntos débiles

En el segundo caso, analizaremos la **marca personal de los autores** especializados en nuestra temática o temáticas relacionadas. Es importante identificar las variables con las que se va a medir cada área:

nombre y biografía: identificar las características más importantes de su trayectoria, títulos y especialidades
información: libros publicados, temáticas de especialidad, alcance geográfico, fortalezas y debilidades.
canales de venta para cada producto o servicio
comunicación: en qué medios se encuentra (online & offline) y se comunica, posicionamiento en x plataforma, seguidores, engagement, tipo de contenido etc.

Libro 1

| CANALES DE VENTA | POSICIONAMIENTO | COMUNICACIÓN |

| ALCANCE GEOGRÁFICO | FORTALEZAS | DEBILIDADES |

Libro 2

| CANALES DE VENTA | POSICIONAMIENTO | COMUNICACIÓN |

| ALCANCE GEOGRÁFICO | FORTALEZAS | DEBILIDADES |

Libro 3

| CANALES DE VENTA | POSICIONAMIENTO | COMUNICACIÓN |

| ALCANCE GEOGRÁFICO | FORTALEZAS | DEBILIDADES |

AUTOR & BIOGRAFÍA 1	INFORMACIÓN		
	LIBROS	TEMÁTICAS	OTROS SERVICIOS
	ALCANCE GEOGRÁFICO	FORTALEZAS	DEBILIDADES

CANALES DE VENTA PARA CADA PRODUCTO O SERVICIO

ONLINE	OFFLINE

MEDIOS DE COMUNICACIÓN DONDE SE ENCUENTRA

ONLINE		OFFLINE
REDES SOCIALES	MEDIOS DIGITALES	PRENSA
		EVENTOS
		BOCA A BOCA

AUTOR & BIOGRAFÍA 2

INFORMACIÓN

LIBROS	TEMÁTICAS	OTROS SERVICIOS

ALCANCE GEOGRÁFICO	FORTALEZAS	DEBILIDADES

CANALES DE VENTA PARA CADA PRODUCTO O SERVICIO

ONLINE	OFFLINE

MEDIOS DE COMUNICACIÓN DONDE SE ENCUENTRA

ONLINE		OFFLINE
REDES SOCIALES	MEDIOS DIGITALES	PRENSA
		EVENTOS
		BOCA A BOCA

AUTOR & BIOGRAFÍA 3

INFORMACIÓN

LIBROS	TEMÁTICAS	OTROS SERVICIOS

ALCANCE GEOGRÁFICO	FORTALEZAS	DEBILIDADES

CANALES DE VENTA PARA CADA PRODUCTO O SERVICIO

ONLINE	OFFLINE

MEDIOS DE COMUNICACIÓN DONDE SE ENCUENTRA

ONLINE		OFFLINE
REDES SOCIALES	MEDIOS DIGITALES	PRENSA
		EVENTOS
		BOCA A BOCA

05 LIBRO:
FECHA:

C5. ANÁLISIS Y COMPARACIÓN DEL DESEMPEÑO DE LOS FACTORES QUE HAS SELECCIONADO

En esta etapa compararemos e identificamos el posicionamiento de cada libro y autor, las estrategias que mejor les están funcionando, sus fortalezas y debilidades y de forma natural y automáticamente podrás identificar tu **valor diferencial** y nuevas oportunidades de negocio.

En esta fase es importante hacer una **proyección de los posibles niveles del desempeño futuro de los libros y autores considerados en nuestro listado**. Esto ayudará a tener un análisis más detallado y poder proyectar una mejor estrategia futura.

Posterior a identificar mejores prácticas, valor diferencial y áreas de oportunidad, tendremos que regresar a nuestro objetivo inicial de *benchmarking* y a partir de ahí diseñar un plan estratégico para llegar al objetivo.

LIBROS

AUTORES

MI VALOR DIFERENCIAL

05 LIBRO:
FECHA:

D. ANÁLISIS DAFO

Define tus **Fortalezas, Oportunidades** y **Debilidades, Amenazas**. Aquí lo más importante es intentar subsanar las debilidades con las fortalezas y las amenazas con las oportunidades.

NEGATIVO	POSITIVO
DEBILIDADES	**FORTALEZAS**
Aspectos que pueden ser limitantes para avanzar.	*Los aspectos más competitivos que tenemos.*
AMENAZAS	**OPORTUNIDADES**
Elementos negativos que tienen origen en el exterior.	*Elementos positivos del entorno que nos pueden beneficiar.*

05

LIBRO:
FECHA:

E. DEFINICIÓN DEL BUYER PERSONA

La definición de un *buyer persona* es una práctica esencial en el *marketing* y la estrategia de negocios que consiste en **crear representaciones semi-ficticias de tu cliente ideal basadas en investigaciones y datos reales**. Este perfil detallado incluye información demográfica, comportamientos, necesidades, motivaciones y objetivos específicos de los clientes. Al entender profundamente quiénes son tus compradores potenciales, puedes personalizar tu oferta de producto, tus mensajes y tu estrategia de marketing para satisfacer sus necesidades de manera más efectiva, aumentando así la relevancia de tu marca y mejorando tus resultados comerciales.

Crear un *buyer persona* implica un proceso de investigación exhaustivo que va más allá de la simple recopilación de datos demográficos básicos. Se trata de entender las historias detrás de las decisiones de compra, incluyendo los retos que enfrentan los clientes, las soluciones que buscan y cómo tu producto o servicio se ajusta en ese contexto. Las entrevistas con clientes actuales, encuestas, análisis de redes sociales y el estudio de interacciones con el cliente son técnicas comunes utilizadas para recabar información valiosa que contribuya a la construcción de estos perfiles.

Una vez definido, el *buyer persona* se convierte en una herramienta clave para guiar todas las decisiones relacionadas con el marketing y la comunicación de una empresa. Desde el desarrollo de contenido relevante y la selección de los canales de comunicación más apropiados hasta la optimización del *journey* de compra, cada aspecto de la estrategia de *marketing* se puede ajustar para resonar con las necesidades y preferencias específicas de tu público objetivo. Esto no solo mejora la efectividad de tus campañas sino que también facilita la construcción de relaciones más sólidas y significativas con tus clientes. Al tener un **punto de referencia claro** sobre a quién se dirigen sus esfuerzos, los equipos de producto, ventas, marketing y servicio al cliente pueden trabajar de manera más cohesiva para entregar una experiencia de cliente consistente y satisfactoria. Este enfoque centrado en el cliente es fundamental para desarrollar una ventaja competitiva sostenible en el mercado.

En conclusión, la definición de *buyer personas* es un elemento crítico en la estrategia de cualquier negocio que busca conectar de manera efectiva con su audiencia. Al ofrecer una **comprensión profunda y matizada del cliente ideal**, las empresas pueden personalizar su enfoque, afinar su mensaje y diseñar experiencias que no solo cumplan sino que superen las expectativas de sus clientes. En última instancia, el uso estratégico de *buyer personas* conduce a una mayor satisfacción del cliente, lealtad de marca y éxito comercial a largo plazo.

¿Con quién vamos a empatizar?

¿Quién es la persona que queremos comprender?
¿Cuál es la situación en la que se encuentra?

¿QUÉ NECESITA HACER?

¿Qué necesita hacer de una manera diferente?
¿Qué decisiones necesita tomar?

RESULTADOS (GAINS)

¿Qué es lo que quiere, desea, necesita, espera y sueña?

ESFUERZOS (PAINS)

¿Qué acciones necesitas llevar a cabo para lograr esos sueños?

ANÁLISIS DE MERCADO

¿QUÉ VE?

Entorno, amigos y oferta del mercado
¿Qué ve en su entorno cercano?
¿Qué está mirando y leyendo?

¿QUÉ DICE?

Actitud en público, comportamiento
hacia los demás
¿Qué le escuchamos decir?
¿Qué podemos imaginar que dice?

¿QUÉ OYE?

¿Qué oye de sus amigos?
¿Qué oye de quién les influye?

¿QUÉ HACE?

¿Qué piensa y siente?
Principales inquietudes, preocupaciones y aspiraciones
¿Qué hace a día de hoy?
¿Qué comportamento observamos?

Añadir la foto de tu buyer-persona

Escribir el nombre de tu buyer-persona

Elizabeth Thompson

BIOGRAFÍA

Elizabeth Thompson es una mujer de 35 años, es soltera, y vive con su madre. No tiene hijos. Proviene de una familia adinerada y ha recibido una buena educación, lo que le ha permitido desarrollar un interés en diferentes temas, como la historia, la política y la filosofía. A pesar de su origen privilegiado, Elizabeth a menudo se siente restringida por las normas y expectativas sociales, que limitan sus oportunidades de crecimiento personal y profesional.

METAS

- Romper con las restricciones y normas sociales.
- Hacer un impacto significativo en el mundo.
- Ser una voz para aquellos que están marginados.

DESEOS

- Libros que pueden proporcionarle conocimientos valiosos y una perspectiva fresca, para empoderarla a hacer un impacto positivo en el mundo.
- Ampliar su conocimiento y comprensión del mundo.

ESFUERZOS

- Siente restricciones por las normas y expectativas sociales.
- Busca formas de desafiar el status quo y hacer una diferencia en el mundo.

ELEM. MOTIVADORES

- Su deseo de hacer una contribución positiva a la sociedad.
- Motivada para ser una voz para aquellos que están marginados y desafiar el status quo.

INFLUENCIAS

Admira mujeres fuertes e independientes, como Florence Nightingale y Mary Wollstonecraft.

Añadir la foto de tu buyer-persona

BUYER PERSONA 1

Combina la información del primer capítulo con la de las ultimas hojas.

BIOGRAFÍA

Escribir el nombre de tu buyer-persona

METAS

DESEOS

ESFUERZOS

ELEM. MOTIVADORES

INFLUENCIAS

Añadir la foto de tu buyer-persona

BUYER PERSONA 2

Combina la información del primer capítulo con la de las ultimas hojas.

Escribir el nombre de tu buyer-persona

BIOGRAFÍA

METAS

DESEOS

ESFUERZOS

ELEM. MOTIVADORES

INFLUENCIAS

05 LIBRO:
FECHA:

ANÁLISIS DE MERCADO

F. VALUE PROPOSITION CANVAS

El *Value Proposition Canvas* (VPC) es una herramienta poderosa diseñada para ayudar a los emprendedores y negocios a asegurar que su producto o servicio se alinea estrechamente con las necesidades, los deseos y las inquietudes de sus clientes. Desarrollado por Alexander Osterwalder, el VPC es un complemento al *Business Model Canvas*, enfocado específicamente en detallar la propuesta de valor de un negocio y entender mejor a su cliente objetivo. Este **enfoque dual** permite a las empresas no solo conceptualizar lo que ofrecen, sino también profundizar en el porqué de su oferta, garantizando que esta sea tanto relevante como atractiva para su mercado.

La primera parte del *Value Proposition Canvas* se centra en el **perfil del cliente**, desglosándolo en tres componentes principales: tareas que el cliente necesita realizar, las frustraciones que enfrenta al intentar completar esas tareas y los resultados y beneficios que realmente desea lograr. Al llenar esta sección puedes obtener una visión clara de las necesidades no satisfechas o los problemas específicos de tus clientes, lo que es crucial para diseñar una propuesta de valor que sea verdaderamente relevante y diferenciada en el mercado.

El segundo segmento del VPC se dedica a la **propuesta de valor del negocio**. Aquí, se define cómo el producto o servicio ayuda a los clientes a realizar sus tareas, cómo alivia sus frustraciones y cómo contribuye a que logren sus resultados deseados. Al trabajar en esta área, los negocios pueden precisar las características y beneficios de su oferta, destacando aquellos aspectos que la hacen única y deseable para sus clientes. Esta sección es esencial para crear una conexión entre lo que los clientes necesitan y lo que el negocio ofrece.

La implementación del *Value Proposition Canvas* en la estrategia de un negocio facilita la identificación de ajustes necesarios en la oferta actual, permitiendo iteraciones precisas para maximizar el valor proporcionado a los clientes. Este proceso no solo mejora el desarrollo y la refinación de productos o servicios, sino que también asegura que toda la organización tenga una comprensión unificada y centrada en el cliente de la propuesta de valor.

COMO USAR EL VPC:

En la siguiente plantilla, primero rellenaremos cada una de las partes del cuadrado con las necesidades y dolencias de nuestro cliente (página a la izquierda) y posteriormente, en la circunferencia, detallaremos la propuesta de valor dando solución a estas necesidades y dolencias.

VPC: PERFIL DEL CLIENTE

¿Cuáles son los productos y servicios que puedo ofrecer a mi cliente para que pueda hacer su trabajo?

¿Cómo mis productos o servicios dan solución al problema del cliente?

Productos y/o Servicios

 **Creadores de Ganancias**

 **Aliviadores del Dolor**

>>

¿Cómo soluciono los problemas de mi cliente a través de mis productos/ servicio?

VPC: PROPUESTA DE VALOR DEL NEGOCIO

¿Cuáles son las tareas que tu cliente está tratando de hacer en el trabajo o en la vida?
¿Qué necesidades básicas tiene tu cliente (emocionales y/o personales)?
¿Cuáles son los problemas, motivaciones y necesidades que harían que el cliente comprara tu producto o servicio?

¿Qué haría feliz a tu cliente?
¿Cuáles son las necesidades y motivaciones que hacen que tu cliente te elija sobre la competencia?

Trabajos del Cliente

Resultados (Gains)

Esfuerzos (Pains)

¿Qué es lo que molesta o preocupa a su cliente?
¿Qué básico está obstaculizando las actividades de sus clientes?

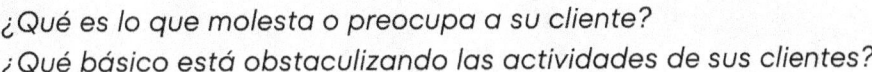

05 LIBRO:
FECHA:

G. DEFINICIÓN DE OBJETIVO S.M.A.R.T.

En el siguiente cuadro agrega el objetivo de tu Marca bien detallado, dando todas las especificaciones mencionadas.

Ejemplo: Dar 5 conferencias al mes en la temática relacionada con mi libro.

S	M	A	R	T
Specific **ESPECIFICO**	*Measurable* **MEDIBLE**	*Attainable* **ALCANZABLE**	*Realistic* **REALISTA**	*Time* **TIEMPO**
¿QUÉ?	¿CUÁNTO?	¿CÓMO?	¿DÓNDE?	¿CUANDO?
Empezar a dar...	... una conferencia al mes ...	... dándome a conocer a través de agencias de conferenciantes ...	... en empresas de 100+ empleados ...	... en los próximos 6 meses.

WORK
BOOK 2

BRANDING FOR WRITERS

CREA
TU PLAN
DE MARKETING

06 LIBRO:
FECHA:

A. ESTRATEGIA DE MARKETING

Finalmente, es momento de detallar el **plan de marketing**. Adjuntamos el cuadro desarrollado por Kelly Odell con el *Plan de marketing más corto del mundo*, que cuenta con varias preguntas que te facilitará su desarrollo.

EL PLAN DE MARKETING MÁS CORTO DEL MUNDO (KELLY ODELL)			
	¿QUE?	¿POR QUÉ?	¿CUÁNDO?
PRODUCTO	¿Qué producto necesitas?	¿Qué necesidad llena?	¿Cuándo lo necesitas?
PRECIO	¿En qué precio lo venderás?	¿Por qué es el precio adecuado?	¿Por cuánto tiempo será valido ese precio?
PLAZA	¿Cómo lo distribuirás?	¿Por qué escoger esos canales?	¿Cuándo elegirán los consumidores canales diferentes?
PROMOCIÓN	¿Qué tipos de promociones usarás?	¿Por qué escoger estas actividades?	Tiempos: Lanzamiento, ciclo de vida, etc.

El *Plan de marketing más corto del mundo*, conceptualizado por Kelly Odell, destila la esencia de la planificación de *marketing* en su forma más pura y simplificada. Odell propone que, en esencia, todo plan de *marketing* efectivo puede ser **resumido en una sola página**, enfocándose en definir claramente el objetivo, la estrategia y las acciones específicas necesarias para alcanzar dicho objetivo. Esta metodología nos invita a deshacernos de la complejidad innecesaria y concentrarnos en lo que realmente importa: comprender a nuestra audiencia, definir cómo diferenciarnos de la competencia y establecer pasos concretos para lograr nuestras metas.

EL PLAN DE MARKETING MÁS CORTO DEL MUNDO (KELLY ODELL)

¿CÓMO?	¿CUÁNTO?	¿QUIÉN?	
¿Cómo llena el producto esa necesidad?	¿Cuál es el costo de producción, el volumen de ventas, etc.?	¿A qué segmentos de clientes va dirigido?	**PRODUCTO**
¿Cómo se desarrollará el precio con el tiempo?	¿Cuántas ventas y margen generará?	¿Hay diferentes costos para diferentes segmentos?	**PRECIO**
¿Cómo creamos o entramos a estos canales?	¿Cuáles son los costos/beneficios de estos canales?	¿Cómo usa cada segmento los diferentes canales?	**PLAZA**
¿Cómo se ejecutarán las promociones?	¿Cuáles son los costos/ beneficios de estos canales?	¿Los grupos claves necesitan diferentes promociones?	**PROMOCIÓN**

06 LIBRO:
FECHA:

B. ESTILO DE LA MARCA (BRAND VOICE)

En esta sección, estableceremos la manera en que nos comunicaremos con nuestra audiencia, destacando la importancia de precisar los siguientes aspectos:

TIPO DE VOZ		
CARACTERÍSTICAS	**¿QUÉ HACE LA VOZ?**	**¿QUÉ NO HACE LA VOZ?**
Ejemplo: pasional, auténtica	*Ejemplo: es honesta, apoya*	*Ejemplo: promete de más*

TONO DE VOZ				
AUDIENCIA	**MENSAJE**	**CANALES**	**PALABRAS**	**LAS ¡NO!**
Edad, descripción...	*Ejemplo de mensaje*	*Donde es visible la Marca*	*Ejemplo: unión, creatividad...*	*Palabras que no se deben utilizar*

ESTILO VISUAL DE TU MARCA		
TIPOGRAFÍAS	**DISEÑO**	**FOTOGRAFÍAS**
Define las fuentes principales que utilizarás para los titulares y texto de cuerpo	*Define como utilizarás la textura, collage de fotos, etc*	*Define el estilo de fotografías que utilizarás (crea un Moodboard para tu Marca)*

ESTILO VISUAL DE LA MARCA / IDENTIDAD VISUAL

CONJUNTO DE LOGOTIPOS Y MARCAS DE AGUA

LOGOTIPO PRINCIPAL | LOGOTIPO SECUNDARIO | LOGOTIPO ALTERNATIVO

BRAND IMAGERY / MOODBOARD INSPIRATION

COLORES DE LA MARCA

Apunta aquí tanto los colores principales de tu marca como los secundarios.

nombre:
HEX #_____

nombre:
HEX #_____

nombre:
HEX #_____

nombre:
HEX #_____

nombre:
HEX #_____

FUENTES TIPOGRÁFICAS DE LA MARCA

FUENTE PARA USAR EN TÍTULOS

NOMBRE   TAMAÑO

FUENTE PARA SUBTÍTULOS

NOMBRE   TAMAÑO

FUENTE PARA TEXTO DE CUERPO

NOMBRE   TAMAÑO

06 LIBRO:
FECHA:

C. PLAN DE REDES SOCIALES Y MEDIOS DIGITALES

C1. OBJETIVO DE LAS PUBLICACIONES

Detalla que red social o medio digital utilizarás y cuál será el OBJETIVO DE TUS PUBLICACIONES en cada uno, agregando a qué tipo de servicios o productos darás más visibilidad.

OBJETIVOS				
LINKEDIN	**TWITTER/X**	**INSTAGRAM**	**TIK TOK**	**YOU TUBE**
Ejemplo: Generar networking y conectar con profesionales de todas las áreas geográficas.	*Ejemplo: Conectar con tu audiencia a través de mensajes cortos.*	*Ejemplo: Conectar con mi audiencia de una forma más cercana y creativa, a través de fotos y videos.*	*Ejemplo: Ampliar mi red.*	*Ejemplo: Fortalecer mi visibilidad de marca.*

WEB /// BLOG	EMAIL /// NEWSLETTER
Ejemplo: Generar networking	*Ejemplo: Posicionar los servicios en el sector empresarial*

TU PLAN DE MARKETING

OBJETIVOS

WEB /// BLOG

EMAIL /// NEWSLETTER

06 LIBRO:
FECHA:

C2. TIPO DE PUBLICACIONES A COMPARTIR + OBJETIVO

TEMÁTICA & TIPO DE PUBLICACIONES POR DÍA

LUNES

Objetivo: Visibilizar mi libro y consolidar mi autoridad como referente.
Ejemplo:
Un párrafo de tu libro, reseña, el libro con un lector. Agregar plantilla o imagen de referencia
+ Call-to-action con enlace a compra (libro).

MARTES

Objetivo: Dar visibilidad a las conferencias y reforzar mi marca personal.
Ejemplo:
Póster de una conferencia a impartir, Foto de una conferencia impartida, etc.
Plantilla o imagen de referencia + Call-to-action con enlace para contratar conferencias.

MIÉRCOLES

JUEVES

VIERNES

SÁBADO

DOMINGO

MES:
SEMANA:

TEMÁTICA & TIPO DE PUBLICACIONES POR DÍA

LUNES

MARTES

MIÉRCOLES

JUEVES

VIERNES

SÁBADO

DOMINGO

MES:

SEMANA:

TEMÁTICA & TIPO DE PUBLICACIONES POR DÍA

LUNES

MARTES

MIÉRCOLES

JUEVES

VIERNES

SÁBADO

DOMINGO

MES:
SEMANA:

TU PLAN DE MARKETING

TEMÁTICA & TIPO DE PUBLICACIONES POR DÍA

LUNES

MARTES

MIÉRCOLES

JUEVES

VIERNES

SÁBADO

DOMINGO

MES:

SEMANA:

TEMÁTICA & TIPO DE PUBLICACIONES POR DÍA

LUNES

MARTES

MIÉRCOLES

JUEVES

VIERNES

SÁBADO

DOMINGO

MES:
SEMANA:

TU PLAN DE MARKETING

TEMÁTICA & TIPO DE PUBLICACIONES POR DÍA

LUNES

MARTES

MIÉRCOLES

JUEVES

VIERNES

SÁBADO

DOMINGO

06

LIBRO:
FECHA:

C3. TARGETS POR MEDIO DIGITAL

Define el target (audiencia) al que estarás dirigido en cada medio digital, así será mucho más fácil crear tus publicaciones y hacer campañas de publicidad (Ads).

TARGETS/MEDIO DIGITAL				
LINKEDIN	**TWITTER/X**	**INSTAGRAM**	**TIK TOK**	**YOU TUBE**

Ubicación: España

Perfil 1:
Directores y gerentes de empresa

Perfil 2:
Profesionistas que quieren mejorar sus habilidades en "..."

WEB /// BLOG	EMAIL /// NEWSLETTER

MES:

TU PLAN DE MARKETING

TARGETS/MEDIO DIGITAL

WEB /// BLOG

EMAIL /// NEWSLETTER

06

LIBRO:
FECHA:

TU PLAN DE MARKETING

D1. PRESUPUESTO ANUAL DE MARKETING ONLINE

INVERSIÓN MENSUAL ONLINE						
CANALES	ENERO	FEBRERO	MARZO	ABRIL	MAYO	JUNIO
MEDIOS PROPIOS						
WEB (mantenimiento)						
Creación de material audiovisual general						
Creación de contenido para redes sociales						
Otras necesidades de social media						
Email marketing + Creación de Newsletters						
TOTAL MEDIOS PROPIOS						
PUBLICIDAD						

✓ Elige tus medios de publicidad entre Redes Sociales (Facebook, Instagram, LinkedIn, etc *Ads*), *Marketplaces* (Amazon *Ads*, Google *Ads*), *Bloggers*, *Influencers*, otros servicios de publicidad etc.

TOTAL PUBLICIDAD						

TU PLAN DE MARKETING

INVERSIÓN MENSUAL ONLINE						
JULIO	AGOSTO	SEPTIEMBRE	OCTUBRE	NOVIEMBRE	DICIEMBRE	TOTAL
MEDIOS PROPIOS						
PUBLICIDAD						

06

LIBRO:
FECHA:

D2. PRESUPUESTO ANUAL DE MARKETING OFFLINE

INVERSIÓN MENSUAL OFFLINE						
CANALES	ENERO	FEBRERO	MARZO	ABRIL	MAYO	JUNIO
PRENSA						
ONLINE (WEBS/BLOGS)						
IMPRESA (TRADICIONAL)						
TELEVISIÓN RADIO						
OTROS MEDIOS						
TOTAL PRENSA						
HERRAMIENTAS DE PROMOCIÓN						
MERCHAN DISING						
EVENTOS PRESENCIALES						
PODCASTS						
FLYERS + POSTERS						
OTROS MEDIOS						
TOTAL PROMOCIÓN						
TOTAL INVERSIÓN						

TU PLAN DE MARKETING

INVERSIÓN MENSUAL OFFLINE						
JULIO	AGOSTO	SEPTIEMBRE	OCTUBRE	NOVIEMBRE	DICIEMBRE	TOTAL
PRENSA						
HERRAMIENTAS DE PROMOCIÓN						

WORK
BOOK 2

BRANDING FOR WRITERS

CONTROL

07 LIBRO:
FECHA:

CONTROL

A. KPI PLAN

Mediremos nuestro desempeño a través de un KPI PLAN. Así sabremos si las estrategias de nuestro plan de marketing están funcionando o no. A continuación agregamos un ejemplo de como rellenar el cuadro.

KPI CONTROL PLAN			
OBJETIVOS DE MARKETING	**ACCIONES DE MARKETING**	**KPI**	**RESULTADOS**
Detallar todos nuestros objetivos que nos ayudarán a crecer y tener visibilidad como Marca.	Detallar las actividades que nos ayudarán a cumplir con nuestros objetivos.	Aquí definiremos la fórmula para conocer nuestro KPI.	
Ejemplos:	*Ejemplos:*	*Ejemplos:*	
1. *Tener x número de ventas de mi libro.*	*1. Promoción del libro a través de redacción de contenido en el blog y publicaciones en las redes sociales*	*1a. Libros vendidos al mes/ Libros vendidos a través del blog.*	
2. *Crecimiento en ponencias.*		*1b. Ventas captadas a través de redes sociales.*	
3. *Venta de cursos online.*	*2. Promoción de conferencias en las redes sociales y una revista digital de negocios*	*2a. Número de consultas sobre conferencias en redes sociales*	
		2b. Contratos cerrados a través de redes sociales o a través de la revista.	
	3. Promoción de cursos a través del libro y publicidad en Google Ads	*3a. Cursos vendidos al mes/ Los vendidos con código establecido en el libro*	
		3b. Cursos vendidos al mes / Vendidos a través de un post patrocinado.	

B. CONTROL

Revisa qué te está funcionando mejor cada mes y en base a ello replantea la estrategia cada 3 meses dándole mayor foco a lo que mejor funciona y quitándole a lo que no (a menos de que sea un sistema a mediano o largo plazo y esté planteado en la estrategia).

MES:

CONTROL

KPI CONTROL PLAN			
OBJETIVOS DE MARKETING	ACCIONES DE MARKETING	KPI	RESULTADO

MES:

CONTROL

KPI CONTROL PLAN			
OBJETIVOS DE MARKETING	ACCIONES DE MARKETING	KPI	RESULTADO

MES:

KPI CONTROL PLAN			
OBJETIVOS DE MARKETING	ACCIONES DE MARKETING	KPI	RESULTADO

NOTAS

crea
tu MARCA
PERSONAL
Y LIBRO
plan
360º

Este *workbook* acompaña el libro

¡DEJA HUELLA!

IMPULSA TU CARRERA A TRAVÉS DE TU LIBRO

Disponible aquí:

www.brandingforwriters.com